Franz Woenig

Was die Tannengeister flüsterten

Ein Weihnachtsfestspiel

Franz Woenig

Was die Tannengeister flüsterten
Ein Weihnachtsfestspiel

ISBN/EAN: 9783743385856

Hergestellt in Europa, USA, Kanada, Australien, Japan

Cover: Foto ©Thomas Meinert / pixelio.de

Franz Woenig

Was die Tannengeister flüsterten

Was die Tannengeister flüsterten.

Ein Weihnachtsfestspiel

von

Franz Woenig.

Mit 3 Musikbeilagen.

Leipzig,
Druck und Verlag von Philipp Reclam jun.

Vorwort.

Das vorliegende kleine Festspiel, welches der Verfasser geehrten Bühnenvorständen, (Vorstellungen für Kinder) Erziehungs- und geselligen Vereinen, Schulen, Familiencirkeln u. s. w. zu stattfindenden Weihnachtsfeierlichkeiten hiermit darbietet, ist bereits am 28. Dezember 1881 im Schreberverein der Südvorstadt hierselbst unter großem Beifall zur Aufführung gelangt. Da dasselbe so arrangirt ist, daß an Spieler und Sänger nur geringe Anforderungen gestellt werden und die Aufführung ohne besonderen Kostenaufwand geschehen kann, dürfte die dramatische Dichtung genannten Kreisen um so willkommener sein, zumal unsere deutsche Literatur von einfach gehaltenen Originalarbeiten gleichen Genres nicht viel aufzuweisen hat. Pädagogischen Principien gemäß hat sich der Verfasser in der Diction eines schlichten kindlichen Tones zu befleißigen gesucht; er ist bemüht gewesen, für die ideale Welt des kindlichen Geistes, — innerhalb der Grenzen der kindlichen Phantasie und des kindlichen Anschauungs- und Begriffsvermögens — eine Reihe anmuthiger und ernster Bilder, von ethischem Hauche durchweht, zu gestalten und durch eine harmonische Verbindung von Declamation, Gesang und lebenden Bildern auf Sinn, Herz und Gemüth der Jugend in gleicher Weise anregend und belebend einzuwirken. Möchte ihm diese Aufgabe in der anspruchslosen kleinen Dichtung gelungen sein! Fröhliche Weihnacht!

Leipzig, im November 1882.

Der Verfasser.

Was die Tannengeister flüsterten.

Perſonen.

Tannenblüt,
Kiefernhelmzelchen,
Fichtennadel,   } Tannengeiſter.
Harztröpfchen,
Heckenröschen,
Waſſernixchen,
Der Weihnachtsmann.
Chor der Tannengeiſter.
Chor der Engel.

Lebende Bilder.

1. Bild:
Lauschende Kinder vor der Thür.

2. Bild.
Erste Abtheilung:
In Hoffen und Bangen.

Zweite Abtheilung:
Die Hilfe naht.

Dritte Abtheilung:
Des Himmels schönste Christgabe.

Vierte Abtheilung:
Weihnachtsglück.

3. Bild.
Erste Abtheilung:
Vereinsamt.

Zweite Abtheilung:
Freudiges Erschrecken.

Dritte Abtheilung:
Gekröntes Hoffen.

4. Bild:
Fröhliche Weihnacht.

Scenerie.

Die Scene stellt eine von beiden Seiten von
Tannen umrahmte Waldwiese dar.

Gemalten Seitencoulissen sind natürliche, amphitheatralisch aufgestellte Tannenbäume vorzuziehen. Die Wiese endet im Hintergrunde an einer geschmackvoll zu arrangirenden Felspartie (Coulisse, bemalte Pappwand). Dieselbe bildet in ihrer Mitte ein hohes Felsenthor. Die Thornische ist durch einen dunklen Vorhang oder durch geräuschlos verschiebbare Coulissen geschlossen; hinter demselben werden die lebenden Bilder gestellt. Der Chor der Tannengeister nimmt hinter den Tannenbäumen Aufstellung und zwar, der Größe der Tannen entsprechend: die Kleinen der Schaar vorn, die Größeren reihenweis hinter ihnen. In dieser Vertheilung treten sie auch in der ersten und dritten Scene auf die Waldwiese zu den Spielern heraus. Tannenblüt und Kiefernheinzelchen (Knaben) sind als Gnomen, Fichtennadel, Harztröpfchen, Heckenröschen, Wassernixchen, (Mädchen) sind als Elfen gekleidet. Die Einzelnen aus dem Chor der Tannengeister erscheinen ebenfalls als Gnomen und Elfen und der Engelchor (junge Mädchen) in entsprechenden Gewändern. Die Figur des Weihnachtsmannes ist eine so stereotype, daß Rathschläge für die Costümirung überflüssig wären. Zur Begleitung der Gesänge wird ein Harmonium oder Klavier benutzt. Dieselben sind hinter der Scene aufzustellen. Sollte die zur Aufführung zu verwendende Zeit etwas knapp bemessen sein, so kann aus Scene 1 von Tannenblüt: „Pst ... pst, habt ihr ihn auch gesehn?" bis Harztröpfchen: „Wie lieb, die Kleinen!" in Wegfall kommen. An Stelle der hier eingeflochtenen Gesänge können beliebig andere Weihnachtslieder oder Weihnachtshymnen gewählt werden; auch empfiehlt es sich das Festspiel durch ein gehaltvolles Tonstück einzuleiten.

Prolog.

Fern her vom Orient mit seinen Wunderlanden
Klingt eine alte Mär in Lied und Spruch
Vom Vogel Phönix, der verjüngt erstanden
Aus seiner Asche neu zu hehrem Siegesflug.
Was hier im Bild in markigen Conturen
Gezeichnet einst die kühne Phantasie,
Das künden tausendfach allda der Deutung Spuren,
Wo's Ideal der That die Flügel lieh. —
Ein Funke ist's, der jedes Herz getroffen,
Der es erwärmt' bei seinem ersten Schlag:
Die Lieb', umglänzt von Glauben und von Hoffen,
Verklärend Freude, Leid und Ungemach.
Auch jetzt zur Weihnachtszeit, da ist in deutschen Landen
Allüberall der Phönix neu erstanden,
Beseligend die Herzen groß und klein
Bei Tannengrün und lichtem Kerzenschein.
O, hohe Lieb', dir, reinen Himmelsschönen,
Sei jetzt in dieser Stund' ein Lied geweiht,
Schlicht nur in Worten, schlicht in Tönen
Und schlicht in Bildern aus der Weihnachtszeit.
Doch auch das Schlichte wird das Herz erheben,
Wenn es im Hauche des Gemüths erblüht,

Wenn heil'ge Poesie ums wechselvolle Leben
Die unverwelklich grünen Ranken zieht.
Und wenn wir nicht erreichen, was wir wollen,
Dann grollet nicht, — wir wollen auch nicht grollen,
Denkt allesamt nur milde in der Stille:
Schwach war die That, — doch gut der Wille.

Was die Tannengeister flüsterten.

Erster Auftritt.

Harztröpfchen links vom Zuschauer auf einem Felsstück schlafend. Tannenblüt kommt von rechts hinter den Tannen hervorgesprungen, kniet nieder und giebt Harztröpfchen einen Nasenstüber.

Tannenblüt.
Harztröpfchen, Liliputchen du,
Schläfst, oder bist du munter?

Harztröpfchen.
Ach, Tannenblüt, laß mich in Ruh',
Du treibst es täglich bunter!
Kaum ging der Nordwind, der wilde Gesell,
Da bist du, Störenfried, wieder zur Stell',
Hab' kaum die Augen geschlossen,
Treibst du schon wieder Possen.
Den blinzelnden Sternlein, den Bäumen müd
Sang längst der Nachtgeist sein Schlummerlied,
Sanft schläft das Heckenröslein auch
Am Waldweg, im verschneiten Strauch.
Flink, troll' dich, leg dich nieder
Und störe mich nicht wieder.

Tannenblüt.
Wie doch verständig Tröpfchen spricht,
Doch Tannenblütchen geht noch nicht,
Will tanzen und springen
Ueber Wurzel und Stein,
Will jauchzen und singen
Waldaus und waldein!

Singt: (Siehe Beilage 1.)

„Wachet auf und eilt her,
Weiß gar liebliche Mär',
Süß, wie Blümlein im Mai,
Ihr Geister herbei!"

(Tannengeister kommen hinter den Bäumen hervor, reichen sich
Hände zum Reigen und wiederholen den Gesang.)

Heckenröschen.

Ei, hopsa, schließt den Reihen bunt,
Und hört den kleinen Plappermund.

Alle.

Ja, hört den kleinen Plappermund!

Tannenblüt.

Pst . . . pst, habt ihr ihn auch gesehn?

Alle.

Ei, Tannenblütchen, sprich doch, wen?

Tannenblüt.

Nun wen! den Mann ganz eigner Art,
Mit einem schrecklich langen Bart,
So lang, so breit und blütenweiß,
Mit Strähnen, wie die Zapfen Eis,
Die an den Fichten hier, den dunkeln
So hell im Mondenlichte funkeln.

Heckenröschen.

Das war gewiß Freund Blinkeerz,
Der Silbergnom; oft erdenwärts
Pflegt aus der Tiefe er zu steigen,
Wenn droben sich die Sternlein zeigen.
Die Kerzchen und die Nachtviolen
Besucht im Sommer er verstohlen,

Was die Tannengeister flüsterten.

[o]ch wenn's die dicken Falter sehn,
[i]st es um seine Ruh' geschehn.
[M]it seinen Freundinnen und Basen
[i]st dieses Volk nicht gerne spaßen
[U]nd rufet noch zur Neckerei
[d]ie ganze Käferschar herbei.
[S]ie kommen alle — hurr di purr —
[M]it Surren, Flastern und Geschnurr,
[S]ie zwicken hier, sie kneifen dort,
[U]nd schlägt er zu, — husch, sind sie fort,
[U]nd machen mit Gesumm, Gebrumm
[D]en dicken Kopf ihm wirr und dumm!

Kiefernhelmzelchen.
[W]ar's Blinkerz, der Silbergnom?

Tannenblüt.
[O] nein, der weilt in seinem Dom,
[T]ief unten in der Erde Schacht.
[W]as sollt' er hier zur Winternacht?
[S]eitdem sie fort, die Blumenfeen
[H]at niemand mehr den Gnom gesehn.

Harzträpfchen.
[W]as trug er denn, dein Wundermann?

Tannenblüt.
[E]inen langen Pelz mit Glöcklein dran,
Die tönten lustig klinglingling,
Als er hier durch die Tannen ging,
Auch eine Kapp' wie'n Eicheltopf
Die thronte stolz auf seinem Kopf.

Kiefernhelmzelchen.
Hört, wenn's nur nicht der Erdgeist war,
Der kommt herauf, naht sich das Jahr

Und wandelt still durch Wies' und Felder,
Durchstreift die Thäler und die Wälder,
In alle Schründe, alle Schlüfte,
In alle Gründe, alle Klüfte,
Auf alle Berge, alle Höhn,
Da steigt er hin, um zu erspähn,
Wie seine Kindlein, klein und groß,
Sich betteten im Erdenschoß
Sorglich geschützt im Schnee und Eise.
Da hebt er an und rufet leise:
„Ihr Blumenkinder, schlafet aus,
Bald zieht der Winter aus dem Haus,
Schmückt das Gewand und seid bereit,
Der holde Lenz ist nimmer weit!"
Wohl klingt's hinein in ihren Traum,
Doch heben sie die Köpfchen kaum,
Sie lallen lächelnd: „Wär's schon Zeit?
Liegt doch der Schnee noch weit und breit,
Bläst doch mit seinem eis'gen Hauch
Der Nordwind noch durch Baum und Strauch.
Wir werden's mit dem Tode büßen,
Wenn unf're Kammer wir erschließen.
O, laß uns doch noch ruhn und träumen,
Bis daß der Saft in Birkenbäumen
Von neuem seinen Lauf beginnt,
Bis daß die Lüfte lau und lind
Im Waldgrund an den Haselhecken
Die gelben Blütenkätzchen wecken!"
Da brummt der Geist von Zimperchen,
Von dummen Blumenpimperchen,
Die freilich hoch das Köpfchen tragen,
Doch ewig bangen, ewig klagen,
Die schon sich einen Schnupfen holen,
Berührt der Schnee nur ihre Sohlen;
Oft noch im warmen Sonnenschein

Erfrieren Ohren und Näschen klein.
„Ho, ho! Ho ho" schreit da Moosblütchen
Und schwenket keck sein rostbraun' Hütchen.
„Laß andre schlafen, ich bin munter,
Spazierte schon den Hang hinunter,
Und sah dort, wie mit fleiß'ger Hand
Schneeglöckchen näht am Festgewand,
Doch fehlt am Kleiderstoff ein Rest,
Um den die Kleine bitten läßt;
Kann sie im Schmuck dich nicht begrüßen
Wird sie zu Hause bleiben müssen,
Doch hier, Freund Epheu hocherfreut
Dir seinen besten Gruß entbeut,
Und auch die Jungfer Immergrün
Möcht' gar zu gerne mit dir ziehn,
Berg auf, bergab, um zu begrüßen,
Den holden Lenz, den lieben süßen,
Auch ich muß beim Empfange sein
Und trolle lustig hinterdrein!"

Tannenblüt.

Der Geist war's nicht, muß ich dir sagen,
Hat je ein Ränzel er getragen?

Kiefernheinzelchen.

Nein, nie!

Tannenblüt.

Nun, den ich meine kam daher
Mit einem Sacke groß und schwer,
Kam auch allein in großer Eile
Und stand hier rastend eine Weile.
Er pustete und keuchte sehr,
Gewiß, der Sack war furchtbar schwer.

Heckenröschen.

Bist du denn nicht zu ihm gegangen,
Hast ein Gespräch gleich angefangen?

„Ei, guten Abend, lieber Mann,
Was sucht Ihr hier so spät im Tann?
Die Kräutlein schlafen unterm Schnee,
Die Fischlein in dem tiefen See,
Schlehbeerchen fiel dem Frost zur Beute,
Kienäpfel holten arme Leute,
Von Pilzen giebt es keine Spur,
Sagt, lieber Freund, was sucht Ihr nur?"
So hätt' ich ihn doch gleich gefragt.

Tannenblüt.

Würd' ich von Neugier auch geplagt
Wie du, nicht einen Augenblick
Blieb mit der Frage ich zurück.
So ist sie unterlassen eben,
Du mußt dich schon zufrieden geben.

Heckenröschen.

Du lachst, — du weißt es sicherlich,
Ei, gutes Tannenblütchen, sprich!

Tannenblüt (lachend).

Tannenblütchen heiß ich, — nichts weiß ich!

Kiefernheinzelchen.

Ho, ho, das wären schöne Sachen,
Das hieße wohlfeil Narren machen,
Du weißt es und du wirst es sagen,
Was er gesucht und heimgetragen,
Und kündest du nicht frei und flink,
Woher er kam, wohin er ging,
So ist's mit unsrer Freundschaft aus,
Ich sage dir es grad' heraus
Und bleibe immerdar dabei:
Was du erzählt war Flunkerei!

Alle.
Ganz recht, ganz recht, 's war Flunkerei!

Wassernixchen.
Da muß ich denn doch höflich bitten,
Ein Unrecht wird hier nicht gelitten,
Und Unrecht ist dem Blitt geschehn:
Ich hab' das Männlein auch gesehn!

Kiefernhelmzelchen.
Das ist ja prächtig! — Wie? auch du?
Erzähle, Nixchen! (Zu den Geistern.) Haltet Ruh'!

Wassernixchen.
Erlenkönigs Töchter, meine Basen,
Die hatten sich nicht sehen lassen
Zwei Monde schon und noch darüber,
Da denk' ich denn: springst mal hinüber,
Und bei dem hellen Mondenschein
Mach' ich mich auf den Weg allein,
Und wandle von dem Felsenhang
Hinab zum finstern Haselgang.
Wo sich vom Weg ein Fußpfad zweigt,
Auf dem das Forsthaus man erreicht,
Seh ich, wie sich die Büsche neigen
Und hör' ein Knicken in den Zweigen.
„Eichkätzchen oder Haselmäuschen,
Tragt ihr noch Nüsse euch ins Häuschen?"
So ruf' ich laut und lausche stumm,
Da hör' ich Murmeln und Gebrumm,
Und auf dem Pfad bewegt sich's her
Unheimlich, wie ein großer Bär.
Ich meint', es sei mein Ende da,
Als ich den finstern Unhold sah
Und stand vor Schrecken wie zerschlagen,

Konnt' weder rufen, schrei'n noch klagen.
Jetzt hob's mit drohender Geberde
Ein Ruthenbündel von der Erde,
Ein Ding, so groß fast, wie ein Besen,
Nein, größer noch ist es gewesen.
Und wie es schläget auf mich zu,
Löst sich mein Schrecken, und im Nu
Spring ich herum; und husch, husch, husch,
Geht's flüchtig hin durch Dorn und Busch.
Beim schnellen Hasten, Springen, Zwängen,
Mein Flor blieb an den Zweigen hängen,
Mein weißes Kleid, es ist zerschliffen,
Die schönen Schühlein sind zerrissen,
Die Dornen ritzten Wang' und Hände,
Doch weiter ging es, ohne Ende
Im wilden Jagen querfeldein,
Das Ungeheuer hinterdrein!
Da half kein Säumen und kein Zagen,
Sollt' man die Haut zu Markte tragen,
Die Ruthe schmecken, die mit Grausen
Ich hörte durch die Lüfte sausen?
Da naht' mein Freund, der treue Bach;
Vom hohen Felsen stürzt er jach
Und rufet, daß es donnernd schallt,
Dem Bösewicht entgegen: „Halt!"
Ich schlüpfe zitternd und in Hast
Hinab in den Krystallpalast,
Den mir der Freund schnell aufgeschlossen,
Und mein Verfolger läuft verdrossen
Am Bachesrande auf und nieder.
Ein Mann, kein Bär war's. Seine Glieder
Umzog ein langes braunes Fell.
Gar wunderlich war der Gesell
In Kapp' und weißen Bart zu schauen,
Und ihm war wahrlich nicht zu trauen,

Denn wen das Rüthelein traktirte,
Das er im Kuttengurte führte,
Dem ward für eine lange Weil
Der arme Rücken nimmer heil!
Doch los und lebig meiner Sorgen
Saß ich im sichern Haus geborgen.
„Wart' nur, ich werd' mein Müthchen kühlen,
Du sollst der Nixe Rache fühlen,
Du grober Klotz," dacht' ich voll Zorn,
„Die wilde Hatz, der spitze Dorn
Bleibt dir dein Lebtag unvergessen!"
Das Männlein aber hat indessen,
Mit einem großen Sack beschwert,
Des Hauses Decke leck beehrt,
Kommt auf des Eisbachs glatten Bogen
Fürsichtiglich dahergezogen,
Ans andre Ufer zu gelangen.
Ich bin im Grund ihm nachgegangen
Und klopfe kräftig an die Decken.
Das Männlein schwankt und fällt vor Schrecken
Plump, wie ein alter Tanzbär nieder,
So daß ein jedes seiner Glieder
Dem Dache lange Risse schlägt
Und weit durchs Haus der Schall sich trägt.
Doch denkt euch nur den Schabernack:
Dem umfangreichen Huckepack,
Auf den es hinterrücks geschlagen,
Fuhr jäh der Schrecken in den Magen,
Und aus dem Bäuchlein voll und rund
Sprudelte des Sackes Schlund
Hurtig und munter,
Kopf über, kopf unter,
Raschelnd und klingend,
Klappernd und springend,
Hierhin und dorthin im neckischen Spiel,

Ohne Ende und ohne Ziel,
Wißt ihr auch was?

Heckenröschen.

Ei, der Spaß!
Waren es schmucke Aepfelein?

Wassernixchen.

Fehlgeschossen! Nein, nein!

Harztröpfchen.

Waren es runde Pfefferscheiben?

Wassernixchen.

Wachsen die an Sträuchern und Bäumen?

Harztröpfchen.

Wachsen? Halt, jetzt werb' ich's wissen:
Es giebt Bäume und Sträucher mit süßen Nüssen.
Und der Mann hier in dem Tann
War der liebe Weihnachtsmann.

Alle.

War der liebe Weinachtsmann!

Harztröpfchen.

O Himmel, wenn Nüsse im Sack gewesen,
Konnte das Männlein nun fleißig lesen.

Wassernixchen.

Hat's brav gethan, sprang um und um
Mit grimmer Miene und Gebrumm,
Hierhin und dorthin in Eile und Hast,
Wie's Eichkätzlein von Ast zu Ast,
Bis daß das letzte Nüßlein auch
Verschlungen von des Sackes Bauch.
Den Sack hob flugs er auf den Rücken
Und war entschwunden meinen Blicken,

Sein Weg hat, wenn ich nicht geirrt,
Ans alte Forsthaus ihn geführt.

Tannenblüt.

Ganz recht! Ich kann von eurem Helden
Euch noch ein artig Stücklein melden.

Alle.

Erzähle, erzähle, o, wie schön!

Tannenblüt.

Am langen Tisch in Försters Stube
Saßen vier Mägdlein und ein Bube.
Das Kleinste in seinem Polsterstühlchen
Bewegte das Mäulchen wie ein Mühlchen,
Schmauste gebratene Aepfelein
Und schaute vergnügt in das Licht hinein.
Das Zweite war eifrig mit Tafel und Stift,
Besserte aufmerksam an der Schrift,
Das Dritte lernte aus einem Buch
Wohl für die Schule Lied und Spruch,
Das Vierte suchte mit flinken Händen
Ein buntes Strümpflein zu vollenden.
Der Knab' schrieb lange Zahlenreihn,
Es mußte schwere Arbeit sein,
Denn immer fing der kleine Mann
Von vorne stets zu rechnen an.
Das macht' ihm sichtlich viel Verdruß,
Doch endlich war geknackt die Nuß.
Nun rief die Schwestern er herbei
Zu einer großen Plauderei.
Da gab es unter den Geschwistern
Ein heimlich Wispern, heimlich Flüstern,
Sie plapperten ohn' Unterlaß,
Konnt's nicht verstehn, weiß drum nicht was.
Doch ist mir bald geworden klar,

Daß es was ganz Besondres war,
Wie glänzten doch die Aeugelein,
Wie zappelten die Händchen klein,
Wenn immerbar aus rothem Mund
Was Allerliebstes wurde kund!
Und während so die Kinder sitzen
Und lauschend ihre Oehrlein spitzen
Und dabei aus des Ofens Röhren
Gebrat'ne Aepfelein verzehren,
Klirrt an der Giebelwand das Fenster,
Die Kinder schreien: „Du, Gespenster!"
Und jedes sucht sich schnell zu retten.
Das Kleinste wählet sich die Betten,
Das Zweite flink die Ofenbank,
Das Dritte flüchtet in den Schrank,
Das Vierte gar ins Uhrgehäuse.
Der Junge bleibt. Verstohlner Weise
Wagt nach dem Fenster er zu blicken,
Das Flüchten würde sich nicht schicken.
Er sieht ein bärtig Mannsgesicht
Und eine tiefe Stimme spricht:

„Schön' guten Abend zu dieser Frist,
Bin es selbst, der heil'ge Christ,
Bin vom Himmel herabgekommen,
Hab' zu erkunden mir vorgenommen,
Ob die Mägdlein und die Knaben
Stets ihr Gebetlein verrichtet haben,
Ob sie auch fleißig zur Schule gehn,
Müßig nicht im Hause stehn,
Reinlich sind, sich ordentlich kleiden,
Alle böse Red' vermeiden.
Haben sie alles dies gethan,
Habe ich allhier ein Säcklein stahn,
Daraus sollen schöne Gaben
Alle braven Kinder haben!"

Und näher tritt der Knab' heran:
„Ei, bist du gar der Weihnachtsmann?
Ich will dir wohl die Wahrheit sagen:
Die Eltern haben nicht zu klagen,
Wie könnten wir sie denn betrüben,
Die uns so über alles lieben!"
Da schmunzelt's bärtige Gesicht,
Und eine tiefe Stimme spricht:
„Sagt euren Wunsch, will ihn gewähren,
Wenn morgen früh ich komm' bescheeren!"
Und näher tritt der Knab' heran:
„O, lieber, guter Weihnachtsmann,
Ich wünsch' ein Buch mir mit Geschichten,
Mit hübschen Räthseln und Gedichten!"
Vom Bett her schallt's: „Ein Püppchen schön,
Wie ich's bei Pastors Lies gesehn!"
Vom Ofen tönt's: „Willst du dran denken
Auch eine Puppe mir zu schenken?"
Und aus dem Schrank: „Ein hübsches Kleid
Halt' immer nur für mich bereit!"
Und aus des Uhrgehäuses Raum:
„Ach, einen schönen Weihnachtsbaum,
Ein Kripplein Christi mit gold'nem Stern,
Hätt' ich doch für mein Leben gern;
Und Töpfchen, Tellerchen und Tassen,
Willst du mir sie bescheeren lassen,
Weil's für die Küch' ich haben muß?
Gelt, kriegst dafür auch einen Kuß!"
Da schmunzelt's bärtige Gesicht,
Die tiefe Stimme freundlich spricht:
„Gut, morgen hol' ich mir die Küsse,
Doch jetzt gebt Acht, es regnet Nüsse!"
Und durch das offne Fensterlein
Da klittert's hageldicht herein,
Hurtig und munter,

Kopf über, kopf unter,
Raschelnd und klingend,
Klappernd und springend,
Hierhin und dorthin im neckischen Spiel,
Ohne Ende und ohne Ziel.
Und die Kinder, flink wie die Haselmäuschen,
Kriechen und springen heraus aus dem Häuschen.
Unterm Tisch, an der Wand, an der Ofenbank,
Zwischen Stühlen und Betten und hinter dem Schrank
Suchen die klugen Aeugelein,
Suchen die flinken Händelein,
Und das Mündlein rufet: „Hab' Dank, lieber Christ,
Der du mit uns Kindern so freundlich bist!"

Harztöpfchen.
Wie lieb, die Kleinen!

Tannenblüt.
So will es scheinen!
Nicht wahr, ihr kennt des Försters Sohn?

Heckenröschen.
Den Fritz? Gewiß, den kenn' ich schon,
Mit braunen Locken, rothen Wangen.
Wenn Sommer er durch's Holz gegangen
Mit seinem Netz, dem garst'gen Ding,
Womit er meine Freunde fing,
Die grüne Trommel auf dem Rücken
Und wollte meine Röschen pflücken,
Hab' meine Stacheln ich gespitzt
Und derb die Finger ihm geritzt.

Alle (lachen).

Fichtennadel.
Recht, recht so, Heckenröslein klein:
Der Fritz kann unser Freund nicht sein.

Alle.

Nein, nein!

Tannenblüt.

Hoho, gemach, Fritz hab ich gern,
Er ist ein Knab' von gutem Kern!
Ich hab' es dem Gespräch erlauscht,
Das mit dem Vater er getauscht;
Als beid' am Weg vorübergehn,
Sieht mich der Fritz und bleibet stehn.
Er spricht: „O, sieh die Tann' am Hang,
So schön gewachsen, grün und schlank,
Im Festesschmuck, im Kerzenschein
Müßt' tausendmal sie schöner sein!"
Der Förster sieht mich prüfend an:
„Hast recht. Ich werd' dem Weihnachtsmann
Heut' Abend deine Bitte sagen,
Soll sie ins Giebelstübchen tragen."
Der Fritz späht prüfend ins Gezweig
Und hoch erschreckt ruft er sogleich:
„O nein, die Bitte war nicht klug,
'S giebt Tannen noch im Wald genug.
In dieser hat so heimlich traut
Kreuzschnäbelein sein Nest gebaut.
Das Völkchen wollen wir nicht stören,
Will lieber meinen Baum entbehren."
Was sagt ihr nun?

Heckenröschen.

Das macht ihm Ehr'!
Wir zürnen deinem Fritz nicht mehr.

Tannenblüt.

Und mir, dem armen Tannenbaum,
Verflog des Daseins schönster Traum!
Mit Aepfeln, Nüssen reichbehangen
Sah ich mich schon im Forsthaus prangen,

Denn's Nestlein im Gezweig ist leer,
Seit Jahren sah's kein Böglein mehr.
Wie wär' es herrlich doch gewesen,
Wär' ich zum Christbaum auserlesen.
Knecht Ruprecht wird vorüber gehn
Und läßt das Tannenblütchen stehn.

Kiefernhelmzeichen.

Tannblütchen, mußt das nicht bedauern,
Es ist doch schön in Waldesschauern,
Doch schöner freilich mag es sein,
So viele Herzen zu erfreun,
Im reichen Kleid mit Goldgeflimmer,
Umstrahlt von hellem Kerzenschimmer,
Viel seltne Frucht an jedem Ast,
Daß es sich beugt von süßer Last ...

Fichtennadel.

O, hohes Glück, o Seligkeit,
Wenn jetzt in heil'ger Weihnachtszeit
Wir alle würden auserfehn,
Auf einem Gabentisch zu stehn!
Ob karg behangen oder reich,
Mir, Fichtennadel, wär' es gleich.
Ich bin schon stolz und hochbeglückt,
Wenn nur ein Händepaar mich schmückt,
Und wenn zwei Augen beim Erschauen
Aus Schmerz und Leid zur Freude thauen.

Harztröpfchen.

Ich sah erst jüngst ein Augenpaar,
Das blickte auch nicht licht und klar.

Heckenröschen.

Ich sah es auch, und weiß genau,
Du meinst das Aug' der jungen Frau,

Die schon drei Jahr' tagein, tagaus
Von drüben aus dem schmucken Haus
Bei Wind und Wetter, Sturm und Regen,
Auf den verschlungnen Waldeswegen
Herauseilt, wenn in zwölfter Stund'
Die Mittagsglocke tönt im Grund.
Sie hat noch nie das Mittagsessen
Für ihren braven Mann vergessen.
In zwölfter Stunde, Tag für Tag,
Trägt sie's im Korbe nach dem Schlag,
Auf ihrem Arm ein Mägdlein klein,
Ein herzig liebes Engelein,
Pausbackig und mit goldnem Haar,
Guckäuglein, wie Blaublümlein klar;
Ihm biet' ich stets die Röslein an,
Denn's Holdchen hat mir's angethan.

Harztröpfchen.

Was an der Mutter mir gefällt,
Ist, daß auf Sauberkeit sie hält.
Zwar ist des Mägdleins Kleid geflickt
Und ihr Gewand selbst arg gestickt
Mit großer Sorgfalt, vieler Müh',
Doch einen Schmutzfleck sah ich nie.
Die Hände sind wohl rauh und hart,
Es wird mit Arbeit nicht gespart,
Doch heiter' Herz und froher Sinn,
Sie helfen über alles hin.
Und nun? Ich merkt' es lange schon,
Der Guten ist der Muth entflohn,
Sie singt nicht mehr, sie lacht nicht mehr,
Das Herz scheint ihr von Sorgen schwer,
Ob Schneesturm oder Sonnenschein,
Sie schaut stets trüb und traurig drein,
Die Kleine führt sie nicht mehr mit,

Und matt und müde ist ihr Schritt.
Was mag im schmucken Häuslein klein
Da drüben nur geschehen sein?

Kiefernhelmzelchen.

Hab' auch so eine Räthselfrage,
Mit der ich mich schon lange trage. —
Sind Kasten leer und Stuben kalt,
Dann kommt die Armuth in den Wald.
Die Weiber hier, die Buben dort,
Sie sammeln Reisig fort und fort
Und schleppen's heim in Bunden, Körben,
Um nur vor Kälte nicht zu sterben.
Ein Mütterlein, gebückt und grau,
Ich täglich auch im Walde schau,
Doch hält sich's abseits von den Andern,
Mag mit der muntern Schaar nicht wandern.
Was geht der Alten durch den Sinn?
Sie spricht oft halblaut vor sich hin:
„Gewiß, er kommt, er muß ja kommen!"
Spricht's tröstend sich zu ihrem Frommen.
Doch ach, sie zweifelt selber dran,
Das künden ihre Thränen an,
Sie netzten ihr die blassen Wangen,
So oft sie hier durch's Holz gegangen.

Heckenröschen.

Ach ja, es muß recht traurig sein,
Auf weiter Welt einsam allein!

Kiefernhelmzelchen.

O, würde doch mein Wunsch erhört,
Der eines Blumenlebens werth,
Als Weihnachtsbaum im Kämmerlein
Die gute Alte zu erfreun.

Tannenblüt.

Tröst' dich mit mir! Es bleibt ein Traum:
Die Alte und — ein Weihnachtsbaum! . . .

❋ Heckenröschen.

Doch horcht! Welch' eine zarte Weise
Klingt aus der Luft so süß, so leise?

Tannenblüt.

Pst, pst! . . . 's ist jetzt hochheil'ge Zeit,
Christkindlein wird der Weg bereit';
Hört, hört nur, wie es lieblich schallt:
Die Engel gehen durch den Wald;
Knecht Ruprecht wird den Reihen schließen,
Sich Weihnachtsbäumchen zu erkiesen!
Husch, husch, ihr Geister in euren Baum!
O, würde Wahrheit unser Traum!

Zweiter Auftritt.

Die Gnomen und Elfen verschwinden hinter ihren Bäumen. Im Hintergrunde zeigt sich die Schaar der Engel und beginnt, — nachdem schon von ❋ ab das Harmonium eine kurze Introduction gespielt, — die erste und dritte Strophe des alten Weihnachtsliedes:

(Siehe Beilage 2.)

Es ist ein' Ros' entsprungen
Aus einer Wurzel zart,
Wie uns die Alten sungen,
Von Jesse kam die Art,
Und hat ein Blümlein bracht
Mitten im kalten Winter,
Wohl zu der halben Nacht.

Das Blümelein so kleine,
Das duftet uns so süß,
Mit seinem hellen Scheine
Vertreibt's die Finsterniß.

Wahrer Mensch und wahrer Gott,
Erlös' von allen Leiden,
Rette von Sünd' und Noth.

Dritter Auftritt.

Der Weihnachtsmann erscheint unter Schellengeklingel und der Musik des Reigens aus der ersten Scene, wozu man Glöckchen und Triangel mit verwenden kann.

Weihnachtsmann.

Ah, hier am Hang in lausch'ger Stille
Stehn Bäumlein ja in Hüll' und Fülle.
In schlanken Tannen, Kiefern, Fichten.
Du Geisterschaar, erwach', erwach',
Es naht für dich der Ehrentag!
(Klopft mit seinem Stab an Stämme und Gezweig der Bäume.)
Heraus, heraus, ihr kleinen Geister
Und hört auf euren Herrn und Meister!

(Die Geister kommen hervor, bilden einen Kreis um den Weihnachtsmann, tanzen einen Reigen und singen das Liedchen aus Scene 1.)

Weihnachtsmann.

Potz tausend, seid von lust'gem Schlag,
Grad' so, wie ich es gerne mag,
Doch glaubt, es wird noch lust'ger sein,
Wenn man in Stub' und Kämmerlein
Den grünen Rock euch herrlich ziert
Mit schönen Sachen ausstaffirt,
Mit Honigscheiben, Marzipan,
Blitzenden Fähnlein obenan,
Mit Mandelschnüren, Kettlein bunt,
Mit Aepfeln, Nüssen, schmuck und rund.
So steht ihr da und denket stolz:
„Ah, das geschah mir nie im Holz!" —

Und draußen vor verschloss'ner Thür
Da sterben vor Erwartung schier
Die Kinder alle, groß und klein,
Und schaun durch's Schlüsselloch herein,
Das Wundersame zu erspähn,
Was drin im Stübchen ist geschehn.
Nun merket auf! Ich zeig' im Bild,
Was morgen Abend sich erfüllt,
Schon heute soll ein jeder sehn
Den Ort, wo er geschmückt wird stehn,
Auch die Gestalten, groß und klein,
Die sich an seinem Glanz erfreun!

1. Bild.
Lauschende Kinder vor der Thür.

(Das Bild wird von sechs bis acht Kindern im Alter von zwei bis zehn Jahren gestellt, vielleicht vier (fünf) Mädchen und zwei (drei) Knaben. Ein kleines Mädchen, unmittelbar an der Thür, hat sich auf die Fußspitzen gestellt und versucht durchs Schlüsselloch zu spähen, während das Kleinste, einen Rutscher im Munde, den Reihen schließt. Im übrigen ist die Gruppe entsprechend zu arrangiren.)

Tannenblüt (zu Heckenröschen).

Ei, schau' doch, Elflein Stachelspitz,
Der Knab' im Bilde war der Fritz!

Alle.

Ja, ja, gewiß, das war der Fritz!

Harztröpfchen (zum Weihnachtsmann).

Hast du der schönen Sachen mehr,
So zeig', wir bitten all' recht sehr.

Weihnachtsmann (zum Harztröpfchen).

Sieh, Elflein klein, ich kenn' ein Haus,
Lugt grünumrankt zum Wald heraus,
Und drinn' zwei Menschenpaar, recht arm,
Das plagt sich, daß sich's Gott erbarm'.
Im Fichtenschlag das Holz er fällt,
Indeß daheim sie Ordnung hält,
Den Garten pflegt, das Feld bebaut,
Und fleißig nach dem Kinde schaut,
Das schmuck, schier wie die Apfelblüt, —
Ein lieblich Englein von Gemüth, —
Der Armen Dasein still verklärt
Und ihre Freude täglich mehrt.
Die schwerste Arbeit dünkt ihm Spiel,
Sein Leben, Streben hat ein Ziel

In diesem Edelstein gefunden,
Der ihnen hellt die Sorgenstunden.
Kehrt abends er vom Schlag nach Haus,
Bringt heim er einen Blumenstrauß;
Schmerzt auch der Arm, der müde Rücken,
Den Strauß vergißt er nie zu pflücken.
Und auf bekannten Waldeswegen
Läuft ihm die Kleine dann entgegen,
Ihr nach, hin über'n Gartenzaun
Der Mutter Augen fröhlich schaun . . .
Doch ach, kein Erdenglück ist rein,
Der Schatten bleibt dem Sonnenschein,
Auch in der kleinen Friedenswelt
Hat drüben er sich eingestellt:
Das Mägdlein liegt im Fieberfrost
Schon viele Tage. Ohne Trost
Kniet schluchzend mit vergrämten Zügen
Die Mutter betend an der Wiegen;
Dem Vater, obgleich still und trüb,
Das männlich frohe Hoffen blieb:
„Der liebe Gott kann nimmer wollen,
Daß wir den Schatz verlieren sollen,
Will einen Baum mit Lichtern hellen,
Ans Krankenbett des Kindes stellen,
Daß, wenn's aus schwerem Traum erwacht,
Gleich jubelnd vor Entzücken lacht."

2. Bild.
Erste Abtheilung:
In Hoffen und Bangen.

(Einfaches Stübchen mit Bettchen oder Wiege; rechts ein größerer Tisch, auf welchem ein Christbaum steht; auf einem kleineren Tischchen, zu Häupten des Bettchens, Arzneiflaschen. Mutter vor dem Bettchen knieend.)

Harztröpfchen.

Ich hab's geahnt . . . die junge Frau,
Die ich schon lange traurig schau. (Kniet nieder und betet.)
O, Vater in des Himmels Schooß,
Deß' Lieb' und Gnad' unendlich groß,
Du wollest deinen Engel senden
Und alles Unglück gnädig wenden!

Zweite Abtheilung:
Die Hilfe naht!

(Ein Engel zeigt sich in der Thür des Zimmers.)

Weihnachtsmann (zu Harztröpfchen).

Der Herr hat dein Gebet erhört,
Er hat das Köstlichste bescheert:
Am Weihnachtsabend, in heiliger Stund',
Da küßt ein Englein die Kleine gesund!

Dritte Abtheilung:
Des Himmels schönste Christgabe.

(Der Engel hat sich zur Wiege niedergebeugt und küßt das Kind.)

Vierte Abtheilung:
Weihnachtsglück.

(Das Kind hat sich im Bettchen aufgerichtet, deutet strahlenden Auges
auf den erhellten Baum. Mutter hält die Kleine umschlungen.)

Kieferuheinzelchen (zum Weihnachtsmann).

O sprich, was mit mir werden soll,
Mir ist das Herz von Freude voll.
Gönn', Weihnachtsmann, mir auch ein Bild,
Das meines Herzens Zweifel stillt.

Weihnachtsmann.

Sitzet einsam ein Mütterlein,
Sitzet vereinsamt seit Jahren,
Harret des Sohnes, der einstens im Maien
Weit in die Welt gefahren.
Ist gezogen wohl her und hin,
Nach Ehr' und Reichthum stand sein Sinn,
Wollt' sich's und der Mutter erjagen.
Kamen die Jahre und schwanden gemach,
Kamen die Schwalben zu nisten am Dach,
Wußten vom Sohn nichts zu sagen . . .
Mütterlein, arm' Mütterlein,
Wird dein Harren vergeblich sein . . .
Verstorben, verschollen, die Spur verweht . . .
Kein Kreuzlein auf seinem Hügel steht
Da oder dort im Grunde,
Drum geben die Schwalben nicht Kunde.

Sitzet einsam das Mütterlein,
Sitzet vereinsamt seit Jahren.
Kommt mit Geläut und Kerzenschein
Christkind mit seinen Schaaren,
Schmücket die Alte wie immer den Baum,
Hocket am Ofen im traulichen Raum,

Ein altes Buch auf den Knieen.
„Wohl dem, der auf den Herrn vertraut"...
„Der Eltern Segen Häuser baut
„Den Kindern, die fernhin ziehen"...
Also liefet das Mütterlein,
Liefet sich Trost in das Herz hinein,
Flüstert lächelnd: „Heut' kommt er gewiß,
Versprach's ja, als ich ihn segnend entließ"...
Lauscht hinaus auf die nächtlichen Stimmen.
Am Baume die Lichtlein verglimmen...

3. Bild.
Erste Abtheilung:
Vereinsamt.

(Stübchen. Auf einem Tisch ein kleines Weihnachtsbäumchen mit einer einsam brennenden Kerze. Alte im Lehnstuhl über das Gebetbuch gebückt, lauschend.)

Weihnachtsmann.

Und wieder sitzt harrend das Mütterlein
Vereinsamt, wie schon vor Jahren,
Und wieder ist kommen in Kerzenschein
Christkindlein mit seinen Schaaren.
Mit zitternder Hand schmückt die Alte den Baum,
Hockt dann am Ofen im traulichen Raum,
Hält lauschend oft inne im Beten.
Drauß' tobet das Wetter . . . die Stiege knarrt . . .
Das Mütterlein jauchzt . . . der ersehnet ward,
Der Sohn, ist ins Stübchen getreten . . .
Und voller Friede und seliger Lust
Legt mild' sein Haupt er an ihre Brust.
Und sie spricht beglückt: „Was ein Mutterherz glaubt,
Ihm weder Zeit noch Zweifel raubt,
Dein Freund aus fernen Tagen:
Christbäumchen mag es dir sagen!"

Zweite Abtheilung:
Freudiges Erschrecken.

(Der Sohn steht auf der Schwelle der geöffneten Thür. Die Mutter streckt sehnend die Arme nach ihm aus.)

Dritte Abtheilung:
Gekröntes Hoffen.

(Sohn vor der Mutter niedergesunken. Diese hält ihn mit der linken Hand umschlungen und deutet mit der rechten nach dem Christbaum.)

Kiefernheinzelchen.

Dank, Dank! Zur Wahrheit wird mein Traum,
Ich werd' der Alten Weihnachtsbaum!

Tannenblüt.

Und ich?

Weihnachtsmann.

Du sollst geschmückt gar schön
Im nahen Giebelstübchen stehn,
Als schönsten Schmuck das leere Nest,
Das dir der Förster füllen läßt
Mit Zuckereiern zu der Fabel:
Die hab' gelegt ein Zuckerschnabel,
Und wird die Kinderschaar bedauern,
Daß er in Frost und Winterschauern
Grab' um die heil'ge Weihnachtszeit
Nur einmal seine Eier beut . . .

4. Bild.
Fröhliche Weihnacht!
(Das Arrangement bleibt dem eigenen Ermessen anheimgestellt.)

Weihnachtsmann.

Lebt wohl, ihr Geister, allzumal,
Die Morgenluft streicht frisch zu Thal,
Von fern her durch des Waldes Hallen
Seh ich die Schaar der Engel wallen.

(Hinter der Scene ertönt — anfangs pp wie aus weiter Ferne dann mehr und mehr cresc., um das allmähliche Näherkommen anzudeuten, — der Gesang der Engel. Gegen Schluß der ersten Strophe des Liedes erscheint die Engelschaar im Hintergrunde und nimmt Aufstellung hinter den Tannengeistern, welche die 2. Strophe singen; die übrigen Strophen werden von beiden Chören gemeinsam gesungen.)

(Siehe Beilage 3.)

Engel.

O, du fröhliche, o, du selige,
Gnadenbringende Weihnachtszeit!
Welt ging verloren,
Christ ist geboren,
Freue, freue dich, o Christenheit.

Tannengeister.

O, du fröhliche, o, du selige,
Gnadenbringende Weihnachtszeit!
Himmlische Ehre
Jauchzen die Chöre;
Freue, freue dich, o Christenheit.

Beide Chöre.

O, du fröhliche, o, du selige,
Gnadenbringende Weihnachtszeit!
Ewig in Frieden
Bleibst du hienieden,
Freue, freue dich, o Christenheit.

O, du fröhliche, o, du selige,
Gnadenbringende Weihnachtszeit!
Sein Wohlgefallen
Hat Gott an Allen,
Freue, freue dich, o Christenheit!

O, du fröhliche, o, du selige,
Gnadenbringende Weihnachtszeit!
Liebe im Herzen
Zünde die Kerzen,
Freue, freue dich, o Christenheit!

Ende.